DIE REIHE
Archivbilder

SIEGEN
SO WAREN DIE ZEITEN

Auf dem Holzschnitt des Holzschneiders Servaes (Servatius) Rauen aus dem Jahre 1610 erscheint Siegen neben den Städten München, Venedig, Mailand, Lyon, Genua, Straßburg, Paris, Metz, Trier, Köln, Osnabrück, Emden, Hamburg, Lübeck, Rostock, Frankfurt a.d. Oder, Danzig, Dresden, Wien, Olmütz, Ofen, Breslau und Graz als eine der vornehmen Haupt- und Handelsstädte Europas.

DIE REIHE
Archivbilder

SIEGEN
SO WAREN DIE ZEITEN

Hans Klappert

SUTTON
VERLAG

Sutton Verlag GmbH
Hochheimer Straße 59
99094 Erfurt
www.suttonverlag.de

ISBN 978-3-89702-099-3

Druck: Books on Demand GmbH, Norderstedt, Deutschland

Inhaltsverzeichnis

Einleitung

Es gibt viele Städte, die wie Siegen eine lange und respektable Vergangenheit aufweisen können. Das Wissen darum stärkt das Selbstbewußtsein, fördert das Zusammenleben der Bürger und macht stolz darauf, auch heute in so einer Stadt leben zu können. Siegen ist eine solche Stadt, die Anfang des 17. Jahrhunderts als „vornehme Stadt der Grafschaft Nassau", comitat(us) nass(oviae) Opp(idim), bezeichnet wurde und sich 1610 gar als eine der 24 vornehmen Handelsstädte Europas neben München, Venedig, Mailand, Lyon, Genua, Straßburg, Paris, Metz, Trier, Köln, Osnabrück, Emden, Hamburg, Lübeck, Rostock, Frankfurt/Oder, Danzig, Dresden, Wien, Olmütz, Ofen, Breslau und Graz in guter Gesellschaft befand. Abseits der größeren Städte gelegen, doch stets Mittelpunkt einer Region, war sie früher wie heute besonderen Herausforderungen ausgesetzt, hatte aber gegenüber ihren Nachbarstädten wie Marburg, Dillenburg und Gießen einige Berührungsängste.

Eisen-, Stahl-, Lederverarbeitung und Handel prägten einst und teilweise noch heute das wirtschaftliche Leben der Stadt. Der Stadt, im Dreiländereck Hessen, Rheinland-Pfalz und Nordrhein-Westfalen gelegen, stellen sich in dieser über die Grenzen hinausgehenden Region mit einem Einzugsgebiet von 600.000 Menschen ständig neue Anforderungen. Mit dem Motto „Herz der Region" inmitten der „Provinz voller Leben" wurde sie PR-wirksam auf einen Sockel gestellt. Daß sie diesem Anspruch gerecht wird, muß die Stadt ständig beweisen, und daran wird heute sicherlich ihre Bedeutung gemessen.

Wahrscheinlich weil Siegen erst 1815 aus dem Fürstentum Nassau zu Preußen und damit zu Westfalen gekommen ist, haben sich die Eigenarten des Siegerländers bewahrt. Das kommt besonders in der Mundart zum Ausdruck, die auf dem Moselfränkischen beharrt. Natürlich verwischen sich heutzutage die typischen Eigenarten, aber im Großen und Ganzen sind sie nach wie vor erkennbar. Der Siegerländer, oftmals pauschal als sturer Mensch dargestellt, hat einen ausgeprägten, urwüchsigen Humor, der mit Zuverlässigkeit gepaart ist und der ihn die täglichen Probleme des Lebens leichter lösen läßt und den Zugereisten ob seiner Tiefgründigkeit überrascht.

Die Stadt Siegen, wie viele ándere Städte auch, hat staatliche Zusammenbrüche, Krisen, Bomben und Zerstörung überlebt und gemeistert. Die Stadt, 1945 zu 80% zerstört, fand ihr Gesicht schon nach einigen Jahren zäher Aufbauarbeit wieder, wenn es sich auch unter den Zeichen den Zeit veränderte. Das trifft besonders auf die Stadtplanung und damit den Städtebau zu. Es gibt sicherlich in der heutigen Zeit manche Stimme, die die Gestaltung der alten Stadt Siegen in der Nachkriegszeit als nicht gelungen bezeichnet. Hier wird immer wieder die „Betonierung" der Stadt ins Feld geführt. Es müssen jedoch die damaligen Zeitumstände berücksichtigt werden, in denen es galt, die Menschen der zerbombten Stadt aus ihren Kellerlöchern und Baracken zu befreien. Wenn auch große Teile des historischen Teils der Stadt unwiederbringlich zerstört wurden, blieben doch das Obere Schloß, das Untere Schloß und die Kirchen in dem Rest der

Altstadt erhalten oder wurden wieder aufgebaut. Diese Entwicklung soll der vorliegende Bildband aufzeigen.

Die Urbanität des Hüttentals wurde 1975 durch den gesetzlich verordneten Zusammenschluß der Städte Eiserfeld, Hüttental und Siegen bestätigt. Die drei Städte wuchsen zu der neuen Stadt Siegen zusammen, die anfangs 120.000 Einwohner zählte. Es entsprach den Eigenarten und den gewachsenen Strukturen dieser drei Städte, daß das Zusammenleben in der nicht immer besonders geliebten alten Stadt Siegen sich nur allmählich und behutsam entwickeln konnte.

Quo vadis, Siegen? Eine Frage, die schwer zu beantworten ist im stetigen Wandel unserer Zeit. Welche Veränderung sich z.B. im verarbeitenden Gewerbe vollzogen hat, zeigt die Beschäftigtenzahl von 8.472 in der Stadt Siegen im Jahre 1996 gegenüber der von 19.365 im Jahre 1980, was einer Verminderung um 56,3% entspricht. Eines nur ist gewiß: Die jahrhundertealten Grundlagen wirtschaftlicher Tätigkeit, die die Menschen prägten, sind dahin. In diesem Bildband findet man sie wieder.

Für die Bereitstellung der Fotos für diesen Bildband sei dem Stadtarchiv Siegen den Firmen Foto-Besser und Foto-Fuchs Herrn Hans-Martin Flender, Herrn Rolf Schulte, Herrn Klaus Hagelauer, dem Verein „Sportfreunde Siegen" sowie den National Archives Washington gedankt. Bei vielen Aufnahmen ist der Autor nicht bekannt.

Für die Unterstützung bei der Vorbereitung des Bildbandes wird ferner dem Siegerländer Heimat- und Geschichtsverein, Herrn Heimatgebietsleiter Walter Oerter sowie dem Bürgermeister der Stadt Siegen gedankt.

1

Alt Siegen

1905. Das Rathaus, die Nikolaikirche und das Kaiser-Wilhelm-Denkmal am Markt. Zwei Verkehrsmittel begegnen sich: Die gute alte Droschke und die damals moderne Oberstadt-Bahn.

1920. Café Kaufmann an der Marburger Straße. Bis 1928 war es kein Konzertcafé. Der Flügel diente lediglich der Dekoration, weil das Aufstellen von Stühlen an dieser Stelle verboten war.

1864. Das alte Stadtkrankenhaus an der Kohlbettstraße.

Spickermanns Haus am Markt. Das wunderschöne Fachwerkhaus wurde am 16. Dezember 1944 Opfer des großen Luftangriffs auf Siegen. Bei dem Haus handelte es sich um ein Gebäude aus der Zeit der Renaissance.

Die Alte Poststraße im Jahre 1915. Ganz rechts die Gastwirtschaft von Heinrich Theiss, später „Theisse Martha".

11

Beschaulichkeit prägte die frühere Altstadt, die überwiegend als Wohnviertel
diente. Die Aufnahme zeigt den beim
Luftangriff am 16. Dezember 1944 zerstörten Teil der Unteren Metzgerstraße,
in der stets gutnachbarschaftliches Leben
herrschte.

Die 700-Jahr-Feier der Stadt Siegen im Jahre 1924 wurde mit einem für damalige Verhältnisse
erheblichen Aufwand begangen. Das Bild zeigt das gelungene Hauptfeuerwerk.

1924. Anläßlich des 700jährigen Stadtjubiläums wurden die Stadttore rekonstruiert. Hierfür verwendete man Pappe. Vor den Stadttoren, wie hier am Marburger Tor, waren Wachen aufgezogen.

SIEGEN, SYNAGOGE.

Die Synagoge am Obergraben. In Siegen herrschte ein reges jüdisches Gemeindeleben, das ein enges Zusammenleben der jüdischen Mitbürger bewirkte.

13

Herberge und Hegenis für alle. Ein letzter Schluck vor dem Einrücken der Landser zur Zeit des Ersten Weltkriegs in der Gaststätte Theiss in der Alten Poststraße. In der vorderen Reihe, zweite von links: Die unvergessene spätere Wirtin „Theisse Martha".

Blick auf die Bahnhofsanlage um 1910. Im Hintergrund links: Der Schornstein von Axes „Denge", einem Puddelwerk.

Ein neuer Stadtteil wächst: Der Rosterberg um 1918. Im Vordergrund links: Die „Leimekutte", die Material für die dortige Ziegelbrennerei lieferte.

Das um die Jahrhundertwende errichtete Hallenbad an der Sandstraße, das zeitweise als eines der modernsten im Westen Deutschlands galt.

Um 1910 standen sich das Hotel „Fürst Moritz" und die Gaststätte von Schneck's „Oarsse", einem Siegener Original, gegenüber. Wegen eines Gastes bediente „d'r Oarsse" nicht. Hierzu sein Ausspruch: „Meinst du da, wäje einem Bier stenn ech off?"

Reger Verkehr um die Jahrhundertwende an der Kreuzung Koblenzer Straße/Bahnhofstraße/
Kölner Tor und Obergraben.

Die Oberstadt-Bahn, welche die in sie gesetzten Erwartungen nicht erfüllte, beim Fahrbahn-
wechsel auf der Alten Poststraße im Jahre 1912.

17

Man konnte noch flanieren: Um 1910 am Kölner Tor, das ausschließlich eine Geschäftsstraße war.

Die Hundgasse an einem Wintertag in den dreißiger Jahren.

Das Foto zeigt das Panorama der Stadt Siegen im Jahre 1906. Links, im Vordergrund: Die Göbel'sche

Unter Bäumen versteckt und in Erwartung der Ausflügler „us d'r Stadt": Die Landgaststätte „In der Heimbach", nahe am Numbachtal gelegen, um 1920.

20

Leimfabrik und, bereits im Jahre 1906, der große Lokschuppen für den Bahnhof.

Die wie verschlafen wirkende damalige Gaststätte „Numbach" grüßte als Wald- und Milch-Kurort um die Jahrhundertwende.

Geschäfte von vorne bis hinten. Die Marburger Straße im Jahre 1910.

Das im sakralen Stil gehaltene Bekleidungshaus Pheiffer am Kölner Tor um 1915. Links im Bild: Der Beginn der wunderbaren Baumallee, die bis in die fünfziger Jahre an der gesamten Sandstraße entlang zu bewundern war.

Vielfältiger Kundendienst frei Haus in den dreißiger Jahren. Die Bäckerei Heinrich Lixfeld in der Donzenbachstraße mit damals modernstem Service: einem Opel P4 und – daneben im Bild – dem altbewährten Lieferfahrrad.

Das jüdische Kaufhaus Michel Marx in der oberen Kölner Straße, das in den dreißiger Jahren „arisiert" wurde.

Bereits im Jahre 1934 wurde auch das Kaufhaus Tietz von den Nazis „arisiert". Nachfolger wurde der Kaufhof. Das markante Gebäude in der Oberstadt wurde nach der Teilzerstörung durch Bomben wieder instandgesetzt. Interessant die Giebelfassade, die bereits beim Neubau an die herrschende Architektur in der Oberstadt angepaßt wurde.

Die Umgebung der Siegbrücke im Jahre 1898. Auf dem Foto hinter den Bäumen sichtbar: Das Trockenhaus der 1850 gegründeten Leimfabrik Göbel. Später befand sich in dem Gebäude eine Gerberei.

Noch im Jahre 1940 Beschaulichkeit in Siegens Oberstadt: Kirchgang an einem Wintertag über die Löhrstraße. Links eine der zahlreichen Gastwirtschaften, die Bäckerei und Wirtschaft Harr.

In den zwanziger Jahren traf man sich bei Stein's „Kett" im Café „Industrie" in einem der Bahnhofsgebäude am Bahnhofsvorplatz. Das Gebäude wurde inzwischen abgerissen, und an seiner Stelle steht das Runkel'sche Haus.

Schon im Jahre 1912 eine reine Geschäftsstraße: Die Kölner Straße. Dort, wo heute der Stadtbus in die Alte Poststraße einbiegt, zweigte auch die Oberstadt-Bahn ab.

Um 1907: Die Südrampe der Straßenbahnbrücke an der Hagener Straße.

Hof des Unteren Schlosses. Im Vordergrund das Bismarck-Denkmal.

Die alte, durch Bomben später völlig zerstörte Kohlbettstraße im Jahre 1938.

Um 1840 sah der Blick zum Marktplatz so aus: Rathaus, Nikolaikirche, der 1866 abgebrannte „Klubb" und eine Brunnenanlage.

Die Bahnhofstraße um 1930. Im Vordergrund: Die sogenannte „Bauerninsel" mit Sitzbank und Baum. Hier war Omnibushaltepunkt, und hier kamen die Menschen aus dem Landkreis an, die in Siegen ihre Geschäfte besorgten und besonders das über den täglichen Lebensbedarf Hinausgehende kauften.

1905. Die Siegbrücke, unter der hier das Flußbett mit Wasser gefüllt war. Zur damaligen Zeit ein seltener Anblick.

Die Siegbrücke im Wandel der Zeiten. In den dreißiger Jahren entstand hier das renommierte Filmtheater „Apollo" der Gebrüder Helms. Zur Aufführung kamen von Anfang an überwiegend Filme, die gerade in den Großstädten Deutschlands Premiere hatten.

Durchnumerierte Häuser in der Kohlbettstraße. Das Haus Link, ehemals Am Kohlbett 535.

1913. Das Eingangsportal des Kaiserlichen Postamtes an der Alten Poststraße.

Bis zum Jahre 1944 stand hier dieses
Gebäude der 1691 privilegierten Hirsch-
Apotheke an der Ecke Koblenzer Straße/
Häutebachweg. Das neue Gebäude steht
ebenfalls an dieser Stelle.

Das Hotel „Kaisergarten" an der Kampenstraße war jahrzehntelang in Siegen das erste Haus am
Platze. Im Saal hatte Therese Giese ihren ersten Auftritt, und das Hotel sah viele prominente
Gäste. Durch Bomben schwer beschädigt, wurde es schließlich abgerissen und mußte einem Neu-
bau weichen.

Um 1910 zeigte sich der Marktplatz mit der Kaiser-Wilhelm-Anlage in fast gleichem Gesicht wie heute.

Ein schönes Bürgerhaus an der Ecke Kölner Straße/Alte Poststraße mit der Ausstellung der Firma Michel Marx.

Blick auf die Stadt, vom Fischbacherberg aus gesehen. Im Vordergrund die Bahnhofsanlagen mit Wasserturm im Jahre 1900.

Siegen an einem Winterabend im Jahre 1936. Vorne im Bild: Die Siegbrücke mit Bergmann, dahinter der Kunstweg, eine alte Verbindungsstraße zur Sandstraße. Stadtbeleuchtung gab es auch damals schon, das zeigt der wunderschöne Anblick der Martinikirche.

„Koch's Ecke": Der Gasthof, über ein Jahrhundert an der „Nahtstelle" Innenstadt, Kaan-Marienborn und Eiserfeld gelegen, sah jahrzehntelang vor allem Fuhrleute.

1920 wurde in Siegen zur Abwehr von Gewalt durch heimkehrende Soldaten, Freischärler und kommunistische Gruppen eine „Einwohnerwehr" gegründet, deren Angehörige polizeiähnliche Funktionen ausübten. Als Uniformersatz wurde eine Marke getragen, die das Foto zeigt.

Taxis von damals. In den zwanziger Jahren gab es in Siegen einen regen Droschkenbetrieb. Im Bild: Pferdedroschken von August Hermann in der Sandstraße.

Festumzüge mit aufwendigen Dekorationen kannte man auch in Siegen: Ein Blumenwagen von August Hermann kurz vor dem Start in einem Festzug im Jahre 1938.

Gern begangen: Die Alte Poststraße mit der traditionellen Gastwirtschaft von Heinrich Theiss von 1935.

Die wunderbare Kastanienallee in der Sandstraße in den vierziger Jahren. Rechts die legendäre Gastwirtschaft „Zur Mausefalle".

Das Kriegerfest in Siegen war bis in die dreißiger Jahre bei jung und alt beliebt. Auf dem Bild aus dem Jahre 1928 ist der Festzug zu sehen, der sich von der Kölner Straße zum Festplatz in der „Eintracht" bewegt.

Eine gewisse Geflügelzuchthysterie brach um 1910 in der Stadt und dem Kreis Siegen aus. Die höchste Förderung der Geflügelzucht wurde im Betrieb von Geflügelhöfen gesehen. Außerdem waren sie beliebte Ausflugsziele, wie hier am Stadtrand der Geflügelhof in der Weidenbach.

Bis in die dreißiger Jahre hinein waren die Ausflugslokale und Gartenwirtschaften bescheiden eingerichtet. Die Hauptsache war, seinen Spaziergang gemacht zu haben und daß die Kinder sich an Spielen erfreuen konnten. Das traf auf die Gastwirtschaft „Heimbach" im Numbachtal zu. Ein paar Gartenstühle, Tische und einfaches Spielgerät für die Kinder genügten, um ein schönes Erlebnis gehabt zu haben.

Die auch heute noch bestehende Gaststätte „Hof Obere Hengsbach" ist bereits seit der Jahrhundertwende das Ziel vieler Ausflügler. Im schönen Hengsbachtal gelegen und mit deftigem Essen und leckerem Kuchen lockend, bot das Etablissement schon immer ein Besuchserlebnis besonderer Art. Das Foto zeigt das Haus um die Jahrhundertwende.

Die „Eremitage" bei Siegen, heute ein Kloster, zog bis Ende des Zweiten Weltkrieges viele Besucher an. Sie gehörte mit zu den Lokalen, die vor allem an Wochenenden von Menschen der umliegenden Orte nach einer Wanderung gerne aufgesucht wurden.

Fürstlich saß man im Jahre 1938 im Schloßcafé im Park des Oberen Schlosses. Durch Kriegseinwirkung zerstört, entstand es vor einigen Jahren neu – schöner als je zuvor.

41

Biergärten waren in den zwanziger und dreißiger Jahren in Siegen nichts ungewöhnliches. Gut besucht waren sie, die Orte, wo die Menschen sich zum fröhlichen Verweilen und Gedankenaustausch bei schönem Wetter trafen. Oberes Bild: „Leptin's Bürgergarten" am Brüderweg; unteres Bild: „Klapperts Biergarten" im Bereich der ehemaligen Siegener Aktienbrauerei.

Auf dem Fahrersitz der Kommandeur der Freiwilligen Feuerwehr Altstadt, Bäckermeister Karl Schneck vom Kornmarkt. Doch auch die Feuerwehr konnte die Vernichtung der Altstadt am 16. Dezember 1944 nicht verhindern.

Der Festwagen der Getränkehandlung und Destillerie Karl Hagelauer für Veranstaltungen anläßlich der 700-Jahr-Feier der Stadt Siegen im Jahre 1924.

Partie an der Ferndorf in Buschgotthardshütten in den zwanziger Jahren.

Das schön gestaltete Eingangsportal des „Reinhold-Forster-Erbstollens" aus dem Jahre 1805, das aber nichts von der schweren täglichen Arbeit des Bergmanns verrät.

Eines der letzten landwirtschaftlichen Anwesen mitten in der Stadt: Das Haus von August Herman am Effertsufer wurde inzwischen abgebrochen. Auf diesem Grundstück befindet sich heute eine Tankstelle.

Im Jahre 1913 eine Errungenschaft, später ein Museum: Das Kaiserliche Postamt an der Alten Poststraße.

Blick auf Eiserfeld um die Jahrhundertwende, im Hintergrund die ehemalige „Marienhütte".

Das „Waldhaus" in Weidenau, Ziel vieler Ausflügler, bot für jeden etwas.

2

Eisen und Stahl

Wassergetriebenes Blechwalzgerüst in den Geisweider Eisenwerken um 1850.

Grobblechwalzwerk der Geisweider Eisenwerke um die Jahrhundertwende.

Grobblechwalzwerk der Geisweider Eisenwerke um 1936.

Grobblechwalzwerk der Stahlwerke Südwestfalen (ehemals Geisweider Eisenwerke) in den fünfziger Jahren.

Abstich am Hochofen der Eiserfelder Hütte im Jahre 1936.

Das Siegerländer Eisenerz war begehrt und die Nachfrage groß. Gleisverlegung in der Eiserfelder Bahnhofstraße im Jahre 1935 für den Abzweig der Eisern-Siegener-Eisenbahn zum Bahnhof „Reinhold-Forster".

Die schwere Arbeit des Bergmanns. Arbeiten am Überbruch in der Grube „Eisenzecher Zug" im Jahre 1936.

Kettenbau in den „Ingo-Werken" der Siemag in Eiserfeld im Jahre 1935. Die Qualität der Kettenbau-Produktion war weit über die Grenzen des Siegerlandes hinaus bekannt.

In den zwanziger Jahren erloschen die Lichter in der Grube „Gilberg" bei Eiserfeld. Ein frühes Zeichen für den Niedergang des Siegerländer Eisenerzbergbaus.

Auch die jahrhundertealte „Hainer Hütte" mußte mit dem Niedergang des Siegerländer Erzbergbaus in den fünfziger Jahren ihren Betrieb einstellen und wurde abgerissen.

Anlage 7 zum not.Prot. vom 29.Sept.1951
- Nr. 363 der Urk.Rolle für 1951 -
Siegen, den 8.Okt. 1951
gez.Dr.Gustav Strenger, Notar

ALLIED HIGH COMMISSION FOR GERMANY. HAUTE COMMISSION ALLIEE EN ALLEMAGNE
COMBINED STEEL GROUP   GROUPE DE CONTROLE DE L'ACIER

Az.: CSG Anordnung Nr. 1o-A   Düsseldorf,
Ausfertigung Nr.   2o. September 1951

A n o r d n u n g

An die
1) Geisweider Eisenwerke Aktiengesellschaft   in Geisweid
2) Stahlwerke Südwestfalen Aktiengesellschaft in Geisweid

Auf Grund der Bestimmungen der Durchführungsverordnung Nr. 6
in der Fassung der Durchführungsverordnung Nr. 8 zu Gesetz
Nr. 27 der Alliierten Hohen Kommission erläßt die Combined
Steel Group folgende Anordnung:

I. Die nachstehend bezeichneten Vermögenswerte, die bei
Inkrafttreten dieser Anordnung Eigentum der

        Geisweider Eisenwerke Aktiengesellschaft
                                        in Geisweid

sind, werden beschlagnahmt und der Einheitsgesellschaft

        Stahlwerke Südwestfalen Aktiengesellschaft
                                        in Geisweid

zu Eigentum übertragen:

                    _____ (French Chairman)
        gez.A. Bureau

                    _____ (U.K. Chairman)
        gez.W. Harris-Burland

                    _____ (U.S. Chairman)
        gez.A. C. Hall

                                    Beglaubigt:

                                    Notar

53

Geisweider Eisenwerke, Aktiengesellschaft,

Vorbesitzer: J. H. Dresler senior.

Geisweid, Kreis Siegen.

...erke, Geisweid"
...t
13 und 1572 Amt Siegen.
...nkstelle Siegen.
...in Nr. 9808.
...0.

Geisweid, den 8. Juni 1920.-

An die

Gemeinde,

K l a f e l d   - Geisweid.

Wir bringen hiermit zur Anmeldung, daß wir einen
Hund zu Wachzwecken angeschafft haben.- Derselbe dient hauptsächlich
zur Bewachung unserer Kasse und unseres Hauptbüros und wir beantragen
deshalb die Befreiung von der Hundesteuer.-

Geisweider Eisenwerke Actiengesellschaft
Vorbesitzer: J. H. Dresler senior.

Clafeld, den 24ten Juni 19 20

1) Antragsteller benachrichtigt, daß der Antrag
   abgelehnt worden ist.

2) Zu den Akten.

Der Gemeindevorsteher.

Abgelehnt!

54

3

Hauberg und Leder

Der Siegerländer Hauberg.

Die Arbeit im Hauberg war mühselig. Es galt in erster Linie, die Lohe für die Ledergerbung zu gewinnen. Die Lohe, so wurde die Rinde des Baumes genannt, mußte von Hand vom Baumstamm geschält werden. Hierfür verwendete man ein spezielles Schäleisen, im Siegerland „Schewwel" genannt.

Aus dem Jahre 1940 stammen die folgenden Fotos, die das Lohschälen zeigen. Männer ...

... und Frauen leisteten Knochenarbeit im Hauberg.

Hauberg und Lederproduktion waren jahrzehntelang voneinander abhängig. Die in den Hau-
bergen geschälte Lohe wurde auf direktem Weg den Siegener Gerbereien zugeführt. Sie bedeu-
tete eine gute Einnahme für den Haubergsbauern. Ledergerberei am Lohgraben.

Das Gerberviertel am Lohgraben.

Gerber bei der Arbeit. Anlieferung der Felle.

Arbeit am Gerbbottich.

Aus Fellen wird Leder.

Siegener Leder war ein Qualitätsprodukt.

Der Kartoffelanbau war für die Siegerländer in früherer Zeit von großer Bedeutung. Viele Familien hatten nur ein Feld gepachtet, das sie bearbeiteten. Auch hier wurde – wie im Hauberg – die ganze Familie eingesetzt. Kartoffelernte per Hand in den dreißiger Jahren.

In der Essenspause durfte der Kaffee aus dem „Mäckes", einer vorwiegend im Siegerland bekannten dickbauchigen Kaffeekanne, nicht fehlen.

4

Kaufen und Verkaufen

Geschäft an Geschäft: Die Kölner Straße – damals (1938) wie heute eine der attraktivsten Siegener Einkaufsstraßen.

Ein „Tante-Emma-Laden" im Jahre 1925.
Damals wurde noch gefragt: „Wünschen
Sie sonst noch etwas?", und ein Glas Bon-
bons stand immer griffbereit.

Hurra, der Eismann kommt! Der Eishändler kam in den dreißiger Jahren mit dem Motorrad
in die Straßen und wurde von den Kindern freudig begrüßt. Allerdings konnten nicht alle ein
Eis bekommen, weil die Mutter oft kein Geld dafür übrig hatte. Das Eis wurde in Hörnchen
geschmiert, Eiskugeln aus der Zange kannte man noch nicht.

Im „Rahmenprogramm" der Eisdiele gab es eine Pferdedressur mit dem unvergessenen Eishändler „Treysse Oddo" von Unterm Hain. Alles möglich in den dreißiger Jahren.

Milchhandel per Kanne, ausgeführt von
der Milchhandlung Arnold Bode, die ihren
Sitz Unterm Hain hatte.

Der Wochenmarkt am Schulplatz und auf der angrenzenden Alten Poststraße im Jahre 1937. Der Markt war auch an einem Wintertag schon damals Anziehungspunkt für den Einkauf.

Um die Jahrhundertwende erfolgte der Transport von Fleisch mit dem Hundewagen. Hierfür hielt der Metzger sich stets mehrere Hunde.

Nochmal Arnold Bode: Er lieferte die Milch auch über die Grenzen der Stadt Siegen hinaus.
Dafür reichten seinerzeit noch zwei PS.

Für Siegener Wacholder aus der heimischen Destillation Karl Hagelauer hatte seinerzeit die
Wehrmacht großen Bedarf. Ob zur Stärkung oder zum Fröhlichsein – zusätzliche Helfer mußten
bei der Abfüllung kräftig mitarbeiten.

Stolz war man auf die mechanische Broterstellung in Eiserfeld in den dreißiger Jahren.

Und schließlich mußte auch damals entsorgt werden. Das Foto zeigt die Städtische Müllabfuhr um 1930 mit ihrem „Einsatzgespann". Die Stadt Siegen konnte sich rühmen, durch besondere technische Neuerungen am Müllwagen die erste staubfreie Müllabfuhr in Deutschland zu haben. Die Müllabfuhr wurde dem heute noch bestehenden Fuhrunternehmen Hübinger übertragen.

5

Garnisonsstadt

1935, Siegen wird Garnisonsstadt. Appell auf dem Marktplatz und Abschreiten der Ehrenformation mit dem damaligen Oberbürgermeister Fissmer, der sich um die Garnisonsstadt nachdrücklich bemüht hatte. In der Stadt Siegen wurden daraufhin drei Kasernenanlagen errichtet, während die damalige Gemeinde Trupbach den Truppenübungsplatz bereitzustellen hatte.

1935, Truppenparade auf der Koblenzer Straße anläßlich der Einweihungsfeierlichkeiten für die neue Garnisonsstadt.

Siegen mit Heidenberg

Bau der Heidenbergkaserne. Die Anlieferung der Baustoffe erfolgte durch die Reichsbahn über das Bahngelände Auf der Schemscheid und dann weiter über die Steilbahn an die Großbaustelle. Im Vordergrund der Stadtteil Hammerhütte. Rechts der eingerüstete Neubau des Heeresverpflegungsamtes.

1936. Die Wellersbergkaserne. Im Vordergrund das für die Stadt Siegen so bedeutsame Reichs-bahn-Ausbesserungswerk.

Die Heidenbergkaserne, zwischen dem Stadtteil Hammerhütte, der Rinsenau und Achenbach gelegen. Im Hintergrund die Sandhalde auf dem Fischbacherberg, auch „Sandhebbel" genannt, mit dahinterliegender Fischbacherbergkaserne.

Am Tag als der Regen kam. Im Oktober 1959 trifft König Baudouin zu einem Besuch der Belgischen Garnison in Siegen ein. An diesem Tag regnete es nach einem halben Jahr Trockenzeit zum ersten Mal wieder in Siegen.

6

NS-Zeit und der Zweite Weltkrieg

Trotz aller Luftschutzmaßnahmen wurde die Stadt Siegen durch Luftangriffe zu 80% zerstört. Die Vorbereitung oblag der örtlichen Luftschutzleitung. Das Foto zeigt eine Sitzung in der Befehlsstelle Rathaus. Von links: Amtsdirektor Nordmeyer, Jean Heimann, Chef der Feuerwehr, Breitenbach, Chef des Sicherheits- und Hilfsdienstes, Oberbürgermeister Fissmer, Polizei-Oberleutnant Elias, Luftschutzoffizier Brussat (im Hintergrund). Die weiteren Personen sind nicht bekannt.

Das berüchtigte „Braune Haus" im Bereich Hindenburgstraße/Fürst-Moritz-Straße, in dem überwiegend Gewaltanwendungen an Gegnern des Naziregimes stattfanden.

Das Bunkerbauprogramm für Siegen begann 1942 und wurde zügig vorangetrieben. Auf dem Foto Bauarbeiten an dem Bunker Burgstraße.

Gut getarnt und doch getroffen. Das Werk 3 der Firma Waldrich an der Eisernerstraße wurde am 16. Dezember 1944 offenbar durch einen gezielten Bombenabwurf getroffen.

Die Freiwillige Feuerwehr Altstadt mit ihrem vollgummibereiften Einsatzfahrzeug.

Der fertiggestellte Bunker Burgstraße.

Fliegereinwirkung von deutscher Seite. Im Jahre 1940 mußte das deutsche zweimotorige Kampf-
flugzeug HE 111 in der Sieg notlanden. Auf dem Foto: das Flugzeugwrack vor der Siegbrücke
Bahnhofstraße.

Der Bunker Höhstraße.

Der Luftschutzstollen Charlottenstraße. Er sollte nach Kriegsende als Straßendurchfahrt Eiserfelderstraße – Charlottenstraße dienen.

Die fast völlige Zerstörung der Altstadt durch den Luftangriff am 16. Dezember 1944. Bis Kriegs-ende wurde auf die gesamte Stadt Siegen folgende Bombenlast abgeworfen: 1.674 t durch die Royal Air Force, 1.987 t durch die 8. US Air Force.

Total zerstörte Altstadt zwischen Untere Metzgerstraße und Höhstraße.

Zerstörte Alte Poststraße.

Von Brandbomben durchsiebtes Haus der Firma Karl Hagelauer an der Sandstraße.

Einen Tag später, am 10. November 1938, als in ganz Deutschland die Synagogen brannten, setzten gedungene Nazis die Synagoge am Obergraben in Brand. Die Feuerwehr schützte lediglich die Nachbarhäuser, und die Menschen schauten einfach nur zu.

Zerstörte Pfarrstaße.

Platt gemacht durch Bomben: Das Gebiet am Siegener Bahnhof am 8. Mai 1945.

Kein Stein blieb auf dem anderen: Die zerstörte Sieghütte am 8. Mai 1945.

Schutz gegen Luftangriffe fanden Weichenwärter und Stellwerkspersonal im Ein-Mann-Bunker des Bahnhofs.

Beton sollte überall schützen: Eingang vor einem einfachen Stollen, der für Betriebsangehörige nahe gelegener Fabriken bestimmt war.

84

Kein Schutz dagegen für Zwangs-
arbeiter. An dieser Betonwand des Luft-
schutzbunkers „Kaisergarten" wurden
in den letzten Tagen des Jahres 1944
grund- und wahllos sieben Zwangsarbei-
ter erschossen, darunter die 18jährige
Ukrainerin Nadja Potemkina, die als
Reinigungsmädchen im Befehlsbunker
Kaisergarten verpflichtet war. Nadjas
Grab befindet sich auf dem Russischen
Friedhof in der Fludersbach.

5. April 1945. Der Batallions-Gefechtsstand der amerikanischen Artillerie befand sich im Hause Boller in Eisern, in der Giesenbach 8. Die Amerikaner nannten das Haus zu dieser Zeit „hothouse", was zu Deutsch „Gewächshaus" heißt, aber auch „heiße, spannungsgeladene Atmosphäre" bedeutet. Eher durfte es sich jedoch um die Bezeichnung für den Gefechtsstand der „heißen" Waffe „Artillerie" handeln. Es ist davon auszugehen, daß von hier aus der Angriff auf die Stadt Siegen über die Eisernhardt, Hengsbach und Rosterberg geplant wurde.

Amerikanische Truppen stellten die aus Aachen, Bonn und Essen nach Siegen verlagerten Kunstschätze sicher. Darunter waren auch die Reichsinsignien aus Aachen, bei denen es sich allerdings nur um Repliken handelte. Die Originale befanden und befinden sich stets in der Schatzkammer in der Hofburg in Wien. Das Foto zeigt den amerikanischen Soldaten Tony Baea (8. Infanterie-Division der 1. US Armee), der am 3. April 1945 im Stollen an der Hainer Hütte ein Rubens-Gemälde bewundert.

Die zerstörte Siegbrücke zwischen der heutigen Morleystraße und der Badstraße. Amerikanische Soldaten bringen kurz hinter der Frontlinie Verpflegung für ihre Kameraden. Die Aufnahme wurde am 2. April 1945 gemacht.

Ebenfalls in den ersten Apriltagen des Jahres 1945: Amerikanische Sanitätssoldaten klettern den Ziegenberg hinauf. Vor ihnen das heutige Haus Hubertusweg 15. Der Weg führte die Amerikaner

vermutlich zum deutschen Lazarett in der Walter-Flex-Straße.

Ebenfalls auf dem Weg ins Lazarett: Deutsche Sanitätssoldaten mit verwundeten Kameraden ruhen im Kampfgebiet am Hubertusweg aus.

Vom Inferno am 16. Dezember 1944 nicht verschont: das völlig ausgebrannte Rathaus am Markt

7

Wiederaufbau

Im Mai 1945 brachen die amerikanischen Truppen die Behelfsbrücke über der Sieg ab. Die Reste der stark zerstörten Siegbrücke in der Bahnhofstraße erhielten daraufhin einen breiten hölzernen Steg, der damals die einzige Verbindung zum gegenüberliegenden Teil der Stadt herstellte. Der nächste Übergang zu Freudenberger Straße erfolgte geradewegs über die Gleisanlagen des Bahnhofs, wo beim Herannahen von Zügen jeweils durch einen Eisenbahnbeamten Signale gegeben wurden.

Behelfsbau in der Hinterstraße für das von Bomben völlig zerstörte Café Wilhelm in der Kölner Straße. Trotz der einfachen Bauausführung fanden sich täglich Gäste ein.

Konditorei und Café Wilhelm waren in getrennten Behelfshäusern zu finden. Auf dem Foto die Konditorei an der Kölner Straße.

Hauptsache der Schornstein raucht. Tabakladen in einer Holzbude an der Löhrstraße.

Der Wiederaufbau Anfang der fünfziger Jahre brachte wieder Leben in
die Stadt. Das Foto zeigt den damaligen Straßenverkehr auf der Bahnhofstraße. Im Vordergrund die Siegbrücke
mit Straßenbahn und den damals im
Verkehr befindlichen Oberleitungs-
Omnibussen.

Weiter ging es in den Ruinen im Gebäude der Hirsch-Apotheke: Am Kölner Tor fand bis zum Wiederaufbau eine Brot- und Feinbäckerei Unterbringung. Danach zog die Hirsch-Apotheke am alten Platz ein.

Die Ernährungslage

Sind Ihnen folgende Tatsachen bekannt

Während der letzten sechs Monate wurden mehr als 50% des Brot- und Mehlverbrauchs der britischen Zone durch Einfuhr in die Zone gedeckt.

500,000 Tonnen Nahrungsmittel wurden während dieser sechs Monate in die britische Zone importiert.

Keine Nahrungsmittel wurden aus der Zone exportiert und fast der gesamte Nahrungsmittelbedarf der britischen Besatzungstruppen wurde durch Einfuhr gedeckt.

Während derselben Zeitspanne wurde die Lebensmittelzuteilung in England gekürzt.

Der Krieg hat eine Nahrungsmittelknappheit in der ganzen Welt verursacht und andere Länder, besonders Indien, stehen vor der Hungersnot.

93% der Nahrungsmittel für die verschleppten Personen in Deutschland werden jetzt eingeführt, obwohl die deutsche Bevölkerung die Verantwortung für die Ernährung dieser schwerbetroffenen Menschen trägt.

Der deutsche Beitrag für die Ernährung dieser Menschen beträgt demnach nur 7% und besteht nur aus frischem Gemüse.

Eine unmittelbare Besserung der Lage ist nicht zu erwarten, da eine Erhöhung der deutschen Lebensmittelzuteilung nur mit einer Vergrößerung der Hungersgefahr in den alliierten und in den früher von Deutschland besetzten Ländern erkauft werden könnte.

Jeder einzelne Deutsche in der britischen Zone muß deshalb zunächst alles tun, um die Nahrungsmittelerzeugung zu steigern und eine gerechte Verteilung sicherzustellen.

Sobald die gegenwärtige Welternährungskrise überwunden ist, werden Schritte unternommen, um die Ernährungslage auch in der britischen Zone zu bessern.

Herausgegeben von den britischen Militärbehörden

Printed by PRINTING & DISTRIBUTION UNIT, Control Commission for Germany (B.E.)

Im Jahre 1946 kam unter der deutschen Bevölkerung Unmut über die andauernde schlechte Versorgungslage auf. Es wurde sogar vermutet, daß die Besatzungsmächte Lebensmittel aus Deutschland in ihre Länder exportierten. Das Plakat der Britischen Militärbehörden widersprach dieser Auffassung.

MILITARY GOVERNMENT GERMANY
INFORMATION CONTROL

SPECIAL LICENCE FOR SINGLE CONCERTS,   <u>NO 1o4</u>

1. Subject to the conditions set forth in Paragraph 2
   the following named person

   Heinz Link - DREIS-TIEFENBACH

   is authorised to present a single concert at
   Charlotten-Lichtspiele the town of   SIEGEN

   on 15. 16. 17. and 18.2.1947   22oo hrs

2. This licence is granted subject to the following
   conditions:

   a) that all laws, regulations and instructions of
      the Military Government are complied with.

   b) That this licence is prominetly display in the
      place at which the concert takes place.

   c) Other conditions as attached.

3. This licence is granted for the single concert
   referred to above, is not a property right; is
   not transferable and is subject to revocation
   without notice or hearing.

1o32/7/196/36/44/4—45

Bis zum Jahre 1948 kontrollierten die Militärbehörden auch kulturelle Veranstaltungen. Die
Lizenz für eine Varietéveranstaltung vom 15. bis 18. Februar 1947 beweist das.

Das Plakat für ein buntes Varietéprogramm warb für „Karnevalstimmung auch ohne Sekt und Wein".

21/7/47

Dienst der Welfare
Club der O/Off.

Voorwerp : Betaling van het Orkest

Het is den Heer LINKE toegelaten in het bezit te zijn van 420
(vier honderd en twintig)cigaretten ter betaling van het orkest
club der O/Off;

Dienstd der Welfare
sgd. DURANT

Honorare für Musikleistungen deutscher Kapellen wurden oft in „Zigarettenwährung" bezahlt, die, da die damalige Reichsmark kaum ihr Papier wert war, begehrt war.

Auf den Ruinen der alten Stadtschule wurde das Staatliche Behördenhaus am Schulplatz errichtet, das in den späteren Jahren einem Kaufhaus weichen mußte.

Glaube und Hoffnung in Trümmern. Prozession vor der Marienkirche in der Löhrstraße Ende der vierziger Jahre.

1945. Als alle Kinos in der Stadt Siegen zerstört waren, hatten die Kinofreunde Gelegenheit, Filme in der Eiserfelder Turnhalle in der Freien Gründer Straße zu sehen. Für ein Jahr war die Halle das Mekka Siegener Filmfreunde.

Die meisten Händler in der Altstadt fingen bescheiden an. Das Foto zeigt eine ausgebaute Kellerruine mit einem Ladengeschäft an der Ecke Kölnerstraße/Alte Poststraße.

Wiederaufbau mit allen Mitteln: Hier die Wiederherstellung der Betriebsgebäude der Firma Karl Hagelauer an der Sandstraße.

Ein Wiederaufbau anderer Art. Ein im Kriege gebautes sogenanntes Behelfsheim wird im Jahre 1950 in ein schmuckes Wohnhaus verwandelt.

Zerstört oder beschädigt wurde ein großer Teil des Versorgungsnetzes in der Stadt Siegen. Die Wiederherstellung oder Instandsetzung erfolgte damals mit herkömmlichen Mitteln und ohne große Technik.

Für dienstliche Gespräche gab es kaum Raum in den „Eintracht Baracken" der Stadtverwaltung. Bei gutem Wetter mußte die Natur herhalten. Das Foto zeigt ein Gespräch im Freien zwischen dem Leiter des Ordnungsamtes, Stadtoberinspektor Paul Klein, und dem Leiter des Straßenverkehrsamtes, Stadtinspektor Wagner im Juli 1946.

Büro und Baum. Bis in die Baum-
bestände der „Eintracht" reichten
die Verwaltungsbaracken. Brand-
gefahr war daher stets vorhanden.
Eine dieser Baracken, in der die
Benzin- und Reifenbewirtschaf-
tung bearbeitet wurde, brannte aus
ungeklärten Gründen im Sommer
1947 ab. Die Marken und Bezugs-
scheinbestände wurden restlos ver-
nichtet.

Die Ämter der Stadtverwaltung landeten nach Kriegsende in den Holzbaracken auf der „Eintracht", die die aus Düsseldorf evakuierten „Vereinigten Stahlwerke" verlassen hatten. Etwas
besser für die Unterbringung der Verwaltungsleute war die sogenannte „Steinbaracke", im
Anschluß an das Wirtschaftsgebäude der damaligen „Eintracht-Gaststätten".

Schreibmaschinen waren wertvolles und unersetzliches Arbeitsgerät. Da die Holzbaracken nicht einbruchsicher waren, mußten die Maschinen jeden Morgen geholt und jeden Abend in die „Steinbaracke" zurückgetragen werden.

Für die Beheizung der Baracken, sprich Ofenfütterung, war der jeweils jüngste Angestellte oder Lehrling verantwortlich. Mit Eimern wurden nachmittags um 17 Uhr die Rationen für jedes Dienstzimmer in der eigens für Brennstoffe hergerichteten „Kohlenbaracke" geholt.

In den fünfziger Jahren erhielt der Bahnhofsvorplatz, so meinte man jedenfalls, ein modernes Gesicht. Links im Bild das inzwischen abgebrochene „Nürnberger-Haus".

Dominierend sollten sie in der Unterstadt sein: Links im Bild der damalige Neubau des Spar-kassenhochhauses und daneben das im Bau befindliche „Schreiber-Hochhaus". Das Sparkassen-gebäude wurde inzwischen abgerissen, um Platz für einen Neubau zu schaffen.

Symbol für den Widerstand des Bürgers gegen behördliche Maßnahmen war das Haus „Steuber's Ecke". Ein Schieferhaus, dessen Besitzer erst nach langwierigen Verhandlungen der notwendigen Verbreiterung der Sandstraße zustimmte. Erst danach konnte das mitten auf der neu konzipierten Sandstraße stehende Haus abgebrochen und die Straße vollendet werden.

Im Jahre 1951 konnte die Stadtverwaltung endlich in das neu gebaute Rathaus einziehen. Das Foto zeigt Oberbürgermeister Bach nach der Schlüsselübergabe beim Öffnen der Haupttüre am Kornmarkt.

Das wieder erstandene Rathaus im Jahre 1951, noch ohne Verputz.

Das neue Rathaus in kompletter Ausführung.

Die damaligen Spitzen der Stadtverwaltung im neuen Rathaus: Oberbürgermeister Bach (rechts), Oberstadtdirektor Seibt (links).

Kommunalpolitik im neuen Rathaus, demokratisch und verantwortungsbewußt: Die Stadtverordneten Siegel, Weißelberg und Zöller (von links).

Zwei Welten. Oberbürgermeister Bach, der bis 1945 im Amt befindliche Oberbürgermeister Fissmer und der erste Oberstadtdirektor von Siegen nach 1945, Max Baumann (von links).

Eine Zuflucht für 300.000 Vertriebene und Flüchtlinge aus dem Osten: Das Durchgangslager Wellersberg im Jahre 1946. Tausende von Vertriebenen und Flüchtlingen fanden im Siegerland eine neue Heimat und hatten großen Anteil am Wiederaufbau der Stadt Siegen.

Unterkünfte, die nur ein Leben auf engstem Raume boten, waren in dem Durchgangslager in der Wellersbergkaserne zu finden.

Die Ausflugslokale blieben, wie hier im Jahre 1946, meistens leer, da es weder Kuchen noch Kaffee, noch Bier oder Limonade gab. Das Foto zeigt die idyllische Gartenwirtschaft „In der Heimbach", wo zu dieser Zeit keine Menschen, dafür aber Kühe vorzufinden waren.

Die Stadt Siegen besaß seit 1908 ein für die Zeit modernes Klärwerk in der Rinsenau. Eine Einrichtung, die damals nur wenige Städte, geschweige denn Dörfer, in Deutschland hatten. Die Modernisierung erfolgte in Etappen nach Kriegsende.

Die Bahnhofstraße zeigt erste Spuren des Wiederaufbaus im Jahr 1950.

Rabatt-Sparkarte

Name: *Johannes Adler*

Wohnort: *Geisweid*

Straße: *Sohlbacherstr.* Nr. *67*

Ausgegeben am: ....

Kto.-Nr. .... Karte Nr. *4*

Wert der vollen Karte DM **1.50**

Rheika - Lebensmittel

Inh. A. Sans

Filiale:
(Stempel)

Rheika-Lebensmittel
Inh. Alois Sans
zu Geisweid, Bahnhofstr. 10

Bitte die Rückseite beachten!

Sparen wollte man immer schon. Auch in den fünfziger Jahren, als alles wieder zu haben war, gab der Kaufmann um die Ecke Rabatt. Beim Kauf gab es Rabatt-Märkchen, die man fleißig in die Rabatt-Sparkarte klebte. Für die vollgeklebte Karte gab es DM 1,50. Die Karten gab es bis in die fünfziger Jahre. Später ersann man neue Wege des Rabattes, und es gab Sonderangebote.

Abschluß des Wiederaufbaus: Das Kölner Tor mit Straßenverkehr in der Kölner Straße.

8

Kultur und Sport

Die XIX. Schach-Olympiade fand in der Siegerlandhalle statt und gab der Halle zum ersten Mal ein internationales Flair.

Walter Helsper, einer der bekanntesten Maler des Siegerlandes, mit seinem Freund Josef Beuys während einer Ausstellung in Siegen.

Die folgenden Fotos zeigen Freilichtaufführungen des „Kolpingvereins", der im Kolpinghaus an der Mauerstraße zu Hause war, in den dreißiger Jahren. Hier eine der Theateraufführungen des „Ev. Volkvereins", die im Saal des „Ev. Gesellenvereins" an der Burgstraße stattfanden.

In den dreißiger Jahren war der Höhepunkt des Laienspiels erreicht. Sowohl evangelische als auch katholische Vereine boten neben den anderen zahlreichen Laienspielgruppen eine große Palette von Laienspielen an, die beim Publikum durchweg einen großen Anklang fanden. Die Bühnenspiele waren meistens ausverkauft.

Der Spielmannszug mit dem unvergessenen „Käwel's Henner" vor dem Abmarsch zur „Eintracht" in der Burgstraße. Der Spielmannszug war bei fast allen Freiluft-Festlichkeiten in der Stadt Siegen mit von der Partie.

Der „Stadtplatz", auf dem jahrzehntelang, bis zur Einweihung des Leimbach-Stadions im Jahre 1957, sportliche Veranstaltungen, besonders Fußballspiele der „Sportfreunde Siegen", stattfanden. Dem Platz angeschlossen waren eine für damalige Zeiten moderne Reitanlage sowie mehrere Tennisplätze. Im Hintergrund, weit vor der Stadt gelegen, die Baracken für Obdachlose und dahinter Wohnhäuser der Hüttenleute an der Johannishütte.

116

Fußballmannschaft des „Siegener Sportvereins 07" vor der Fusion mit „F. S. Jahn Siegen" Auf dem Foto von links: unbekannt, H. Braun, W. Braun, Otto Mai, W. Setz, Friedrich Müller, Neusser, es folgen mehrere unbekannte Personen, dann August Bode. Die Aufnahme wurde im Jahre 1920 gemacht.

1. Fußballmannschaft der „Sportfreunde Siegen" nach der Fusion mit „F.C. Jahn/Siegener Sportverein 07" im August 1923. Auf dem Foto von links: Dr. Walter Schubach, Theodor Petri, Bosch, M. Lück, E. Dietershagen, Friedrich Müller, Richstein, Neuser, Katz, Dr. Homann, E. Haas.

Die 1. Fußballmannschaft der „Sportfreunde Siegen" im Jahre 1938, ein Jahr nach Fusion mit „B.C. Siegen". Von links: Karl Köhler, Erich Brück, Erich Bernshausen, Adolf Hochstadt, Heinz Schmitt, Walter Schaumann, Artur Weber, Emil Strack, Rudolf Brachthäuser, Paul Weiß, Wilhelm von der Heiden.

1955. Fußball in bescheidenem Rahmen. Trainer Jean Paffrath und Mitglieder des Spielausschusses verfolgen vom Rasen des Stadions in Wetzlar das Endspiel um die Deutsche Fußball-Amateurmeisterschaft, das die „Sportfreunde Siegen" mit 5:0 gegen „S.V. Bad Homburg" gewannen.

1955. Die Mannschaft des Deutschen Fußball-Amateurmeisters „Sportfreunde Siegen" im Wetzlarer Stadion. Von links: Herbert Schäfer, Werner Steffe, Günter Neuser, Paul Haase, Heinrich Kirsch, Hans Czerny, Otto Nauroth, Werner Rarrasch, Willi Elze, Friedel Klein und Werner Kurth.

Die erste Handballmannschaft der „Sportfreunde Siegen" unterlag im Endspiel um die Deutsche Meisterschaft im Jahre 1930 in Hagen der „Polizei Berlin" 10:11 und wurde dadurch Deutscher Vizemeister. Von links: Theodor Petri, Rudi Hubert, Horst Bretthauer, Heinrich Klein, Robert Heinz, Alfred Fries, Paul Zimmermann, Alfred Nöh, Erich Müller, Horst Plessow, Werner Biel.

Im Jahre 1926 wird Arthur Reich-
mann von „Sportfreunde Siegen"
Deutscher Meister im Marathon-
Lauf.

Im Jahre 1898 lernte man das Schwimmen
entweder in einem Weiher oder in der Sieg.
Das Foto zeigt das erste Freibad Siegens in
der Sieg. Im Hintergrund Häuser am Sieg-
hütter Hauptweg. Der Bademeister trug
einen Strohhut und hielt die Lernenden an
der Angel. Um kein öffentliches Ärgernis zu
erregen, hatte man Umkleidekabinen direkt
an der Sieg errichtet.

Der Segelflugsport auf der „Eisernhardt" blickt auf eine lange Tradition zurück. Schon bald nach Kriegsende wurde der Betrieb wieder aufgenommen. Das Foto zeigt die Startvorbereitung des Schulgleiters „SG 38".

Stolz war man auf der „Eisernhardt" in den fünfziger Jahren auf den Einsatz einer Flugzeug-Schleppwinde.

Ständiger Förderer des „Luftsportvereins Siegerlands" war Dr. Oskar Waldrich. Das Foto zeigt ihn im Segelflugzeug „Mü 13 E" mit dem Segelfluglehrer August Mötzing.

Das Gespräch mit der bekannten Fliegerin Hanna Reitsch auf dem Fluggelände der „Eisernhardt" hatte für den „Luftsportverein Siegerland" kein positives Ergebnis.

„Gut Schuss" gab es mit Genehmigung der Militärbehörden wieder im Jahre 1950. Sie waren dabei, gaben aber keinen Schuß ab. Auf dem „Hasengarten" (von links): Karl Althaus, Hans Reinhardt (MdL), Hans-Georg Vitt (MdL), Landrat Hermann Schmidt (MdB), Bundeskanzler Brandt, Adolf Kreutz, Ministerpräsident Heinz Kühn.

Bei Malzkaffee und Roggentorte. Der erste Schlußball der Tanzschule August Steinbrück im Jahre 1946 im „Hotel Münker" in Kreuztal.

Vom Pullover zum Ballkleid. Außerdem war Perfektion gefragt: August Steinbrück kontrolliert die Schrittstellung für das bevorstehende Tanzturnier.

Tanzturnier mit August Steinbrück im Jahr 1952 im großen Saal „Hof Obere Hengsbach".

Exakt mit Melodie und Rhythmus: Tanzturniere waren wieder „in" in den fünfziger Jahren.

Fußball im Jahre 1921: Die 1. Fußballmannschaft des „F.C. Jahn Siegen" von 1899.

Fußball im 1957 eingeweihten „Leimbach Stadion" mit 25.000 Zuschauern, eine bis dahin nicht gekannte Zuschauerzahl im Siegerland.

Werner Narres im Nationaltrikot des Deutschen Turner-Bundes. Deutscher Junioren-Meister 1957 und Teilnehmer an den Länderkämpfen gegen die Schweiz und Japan im Jahre 1960.

Turnte für Deutschland: Nationalturner Werner Narres beim Salto vom Reck.

1961: Siegens Kultur hat ihr neues Domizil. Die Siegerlandhalle als Kongress- und Veranstaltungszentrum.

Die Heimat entdecken!

Von Kiel bis Wien,
von Aachen bis Görlitz:
Entdecken Sie Alltagsgeschichten
aus Ihrer Heimatstadt!

Leben in der Großstadt …

Tauchen Sie ein in das quirlige Großstadtleben vergangener Tage. Spazieren Sie über breite Boulevards und stürzen Sie sich ins Nachtleben. Erkunden Sie ihre Stadt durch die Fensterscheiben einer Straßenbahn oder des ersten Käfers und bewundern Sie prächtig geschmückte Schaufenster.

... und ländliche Idylle

Wie sah das Leben in Ihrer Heimat aus, als die Bauern noch mit Pferden pflügten und jedes Dorf seinen eigenen Schmied hatte, jeder noch jeden kannte und das Leben sich zwischen Kirche, Wirtshaus und Wohnküche abspielte?

Erinnerungen an die Schulzeit …

Erinnern Sie sich noch an die Zeiten von Abakus und Schiefertafel, an Klassenausflüge
oder den ersten Taschenrechner? Blicken Sie zurück auf große Klassen und gestrenge
Schulmeister, entdecken Sie auf Klassenfotos Freunde und Bekannte von früher!

... und das Arbeitsleben

Entdecken Sie, wie sich das Arbeitsleben in den letzten hundert Jahren verändert hat. Werfen Sie einen Blick in Fabrikhallen, blicken Sie Handwerksmeistern bei ihrer Arbeit über die Schulter und erinnern Sie sich an den Einkauf im Tante-Emma-Laden.

Gesellige Stunden im Verein ...

Fußballclub und Schützenverein, Musikkapelle und Gesellenverein: Schauen Sie zurück auf Volksfeste und Turniere, Chorproben oder Prunksitzungen. Erinnern Sie sich an schöne Stunden und das gesellschaftliche Leben in Ihrer Heimat.

... und im Familienkreis

Werfen Sie einen Blick in die Wohnzimmer vergangener Tage und entdecken Sie, wie sich zwischen schweren Eichenmöbeln, Nierentischen und Ikea-Regalen der Alltag verändert hat. Erleben Sie Familienfeiern und Weihnachtsfeste im Wandel der Jahrzehnte mit.

Alltagsgeschichte in historischen Fotos zu über 1000 Regionen, Städten und Gemeinden

Bestellen Sie jetzt
Ihr persönliches Exemplar auf

www.suttonverlag.de

FSC
www.fsc.org
MIX
Papier | Fördert
gute Waldnutzung
FSC® C083411

Zeitfracht Medien GmbH
Ferdinand-Jühlke-Straße 7
99095 Erfurt, Deutschland
produktsicherheit@kolibri360.de

Druck:
CPI Druckdienstleistungen GmbH
im Auftrag der
Zeitfracht Medien GmbH
Ein Unternehmen der Zeitfracht - Gruppe
Ferdinand-Jühlke-Str. 7
99095 Erfurt